Ce journal appartient à :

....

French Darby Translation

Lun

30

Mar

31

Mer

1

Jeu

2

	Ven
	3
	Sam
	4
	Dim
	5

il a fait toute chose belle en son temps; et il a mis le monde dans
leur coeur, de sorte que l'homme ne peut comprendre, depuis le
commencement jusqu'à la fin, l'oeuvre que Dieu a faite.

Ecclésiaste 3:11

Lun	
6	

Mar	
7	

Mer	
8	

Jeu	
9	

Ven

10

Sam

11

Dim

12

"

Éternel! fais-moi connaître ma fin, et la mesure de mes jours, ce qu'elle est; je saurai combien je suis fragile.

Psaumes 39:4

"

Lun	
13	

Mar	
14	

Mer	
15	

Jeu	
16	

	Ven
	17

	Sam
	18

	Dim
	19

et ne livrez pas vos membres au péché comme instruments d'iniquité, mais livrez-vous vous-mêmes à Dieu, comme d'entre les morts étant faits vivants, -et vos membres à Dieu, comme instruments de justice.

Romains 6:13

Lun	
20	

Mar	
21	

Mer	
22	

Jeu	
23	

Ven

24

Sam

25

Dim

26

Approchez-vous de Dieu, et il s'approchera de vous. Nettoyez vos mains, pécheurs, et purifiez vos coeurs, vous qui êtes doubles de coeur.

Jacques 4:8

Lun	
27	

Mar	
28	

Mer	
29	

Jeu	
30	

Ven

31

Sam

1

Dim

2

et tu aimeras le *Seigneur ton Dieu de tout ton coeur, et de toute ton âme, et de toute ta pensée, et de toute ta force". C'est là le premier commandement.

Marc 12:30

Lun	
3	

Mar	
4	

Mer	
5	

Jeu	
6	

Ven

7

Sam

8

Dim

9

Et je m'attendrai à l'Éternel qui cache sa face de la maison de
Jacob, et je l'attendrai.
Ésaïe 8:17

Lun	
10	

Mar	
11	

Mer	
12	

Jeu	
13	

Ven

14

Sam

15

Dim

16

Et quand je distribuerais en aliments tous mes biens, et que je livrerais mon corps afin que je fusse brûlé, mais que je n'aie pas l'amour, cela ne me profite de rien.

1 Corinthiens 13:3

Lun 17	
Mar 18	
Mer 19	
Jeu 20	

	Ven
	21

	Sam
	22

	Dim
	23

"

Et que la paix du Christ, à laquelle aussi vous avez été appelés en un seul corps, préside dans vos coeurs; et soyez reconnaissants.

Colossiens 3:15

"

Lun 24	
Mar 25	
Mer 26	
Jeu 27	

	Ven
	28

	Sam
	29

	Dim
	1

mais que, étant vrais dans l'amour, nous croissions en toutes
choses jusqu'à lui qui est le chef, le Christ;
Éphésiens 4:15

Lun 2	
Mar 3	
Mer 4	
Jeu 5	

| | Ven |
| | **6** |

| | Sam |
| | **7** |

| | Dim |
| | **8** |

ce que vous avez et appris, et reçu, et entendu, et vu en moi,
-faites ces choses, et le Dieu de paix sera avec vous.

Philippiens 4:9

Lun	
9	

Mar	
10	

Mer	
11	

Jeu	
12	

	Ven
	13

	Sam
	14

	Dim
	15

mais que chacun éprouve sa propre oeuvre, et alors il aura de quoi se glorifier, relativement à lui-même seulement et non relativement à autrui:

Galates 6:4

Lun 16	
Mar 17	
Mer 18	
Jeu 19	

| | **Ven** |
| | **20** |

| | **Sam** |
| | **21** |

| | **Dim** |
| | **22** |

comment échapperons-nous, si nous négligeons un si grand
salut, qui, ayant commencé par être annoncé par le Seigneur,
nous a été confirmé par ceux qui l'avaient entendu,

Hébreux 2:3

Lun	
23	

Mar	
24	

Mer	
25	

Jeu	
26	

Ven

27

Sam

28

Dim

29

L'âme qui bénit sera engraissée, et celui qui arrose sera lui-même
arrosé.
Proverbes 11:25

Lun	
30	

Mar	
31	

Mer	
1	

Jeu	
2	

Ven

3

Sam

4

Dim

5

Éternel! le matin, tu entendras ma voix; le matin, je disposerai ma prière devant toi, et j'attendrai.

Psaumes 5:3

Lun 6	
Mar 7	
Mer 8	
Jeu 9	

	Ven
	10

	Sam
	11

	Dim
	12

> Car moi je connais les pensées que je pense à votre égard, dit l'Éternel, pensées de paix et non de mal, pour vous donner un avenir et une espérance.
>
> *Jérémie 29:11*

Lun 13	
Mar 14	
Mer 15	
Jeu 16	

Ven

17

Sam

18

Dim

19

"

Tu dresses devant moi une table, en la présence de mes ennemis;
tu as oint ma tête d'huile, ma coupe est comble. Oui, la bonté et
la gratuité me suivront tous les jours de ma vie, et mon habitation
sera dans la maison de l'Éternel pour de longs jours.

Psaumes 23: 5-6

"

Lun
20

Mar
21

Mer
22

Jeu
23

	Ven
	24

	Sam
	25

	Dim
	26

> Garde ton coeur plus que tout ce que l'on garde, car de lui sont les issues de la vie.
>
> *Proverbes 4:23*

Lun	
27	

Mar	
28	

Mer	
29	

Jeu	
30	

Ven

1

Sam

2

Dim

3

Ne t'ai-je pas commandé: Fortifie-toi et sois ferme? Ne te laisse point terrifier, et ne sois point effrayé; car l'Éternel, ton Dieu, est avec toi partout où tu iras.

Josué 1:9

Lun	
4	

Mar	
5	

Mer	
6	

Jeu	
7	

	Ven
	8

	Sam
	9

	Dim
	10

"

L'Éternel te bénisse, et te garde! L'Éternel fasse lever la lumière
de sa face sur toi et use de grâce envers toi! L'Éternel lève sa face
sur toi et te donne la paix!

Nombres 6:24-26

"

Lun	
11	

Mar	
12	

Mer	
13	

Jeu	
14	

Ven

15

Sam

16

Dim

17

Car c'est toi qui fais luire ma lampe: l'Éternel, mon Dieu, fait resplendir mes ténèbres.

Psaumes 18:28

Lun 18	
Mar 19	
Mer 20	
Jeu 21	

	Ven
	22

	Sam
	23

	Dim
	24

Car je suis assuré que ni mort, ni vie, ni anges, ni principautés, ni choses présentes, ni choses à venir, ni puissances, ni hauteur, ni profondeur, ni aucune autre créature, ne pourra nous séparer de l'amour de Dieu, qui est dans le Christ Jésus, notre Seigneur.

Romains 8:38-39

Lun 25	
Mar 26	
Mer 27	
Jeu 28	

	Ven
	29
	Sam
	30
	Dim
	31

Quoi que vous fassiez, faites-le de coeur,comme pour le Seigneur
et non pour les hommes,sachant que du Seigneur vous recevrez
la récompense de l'héritage: vous servez le Seigneur Christ.

Colossiens 3:23-24

Lun	
1	

Mar	
2	

Mer	
3	

Jeu	
4	

Ven

5

Sam

6

Dim

7

Comme dans l'eau le visage répond au visage, ainsi le coeur de l'homme répond à l'homme.

Proverbes 27:19

Juin   2020

Lun 8	
Mar 9	
Mer 10	
Jeu 11	

	Ven
	12

	Sam
	13

	Dim
	14

Et ne vous conformez pas à ce siècle; mais soyez transformés
par le renouvellement de votre entendement, pour que vous
discerniez quelle est la volonté de Dieu, bonne et agréable et
parfaite.

Romains 12:2

Lun	
15	

Mar	
16	

Mer	
17	

Jeu	
18	

Ven

19

Sam

20

Dim

21

Et Jésus leur dit: Moi, je suis le pain de vie. Celui qui vient à moi n'aura jamais faim; et celui qui croit en moi n'aura jamais soif.

Jean 6:35

Lun	
22	

Mar	
23	

Mer	
24	

Jeu	
25	

	Ven
	26

	Sam
	27

	Dim
	28

Ne soyez donc pas en souci pour le lendemain, car le lendemain sera en souci de lui-même: à chaque jour suffit sa peine.

Matthieu 6:34

Lun	
29	

Mar	
30	

Mer	
1	

Jeu	
2	

	Ven
	3

	Sam
	4

	Dim
	5

Faites toutes choses sans murmures et sans raisonne-
ments, afin que vous soyez sans reproche et purs, des
enfants de Dieu irréprochables, au milieu d'une génération
tortue et perverse, parmi laquelle vous reluisez comme des
luminaires dans le monde,présentant la parole de vie, pour
ma gloire au jour de Christ, en témoignage que je n'ai pas
couru en vain ni travaillé en vain.

Philippiens 2:14-16

Lun	
6	

Mar	
7	

Mer	
8	

Jeu	
9	

| | **Ven** |
| | **10** |

| | **Sam** |
| | **11** |

| | **Dim** |
| | **12** |

mais soit que nous vivions, nous vivons ayant égard au Seigneur, soit que nous mourions, nous mourons ayant égard au Seigneur; soit donc que nous vivions, soit que nous mourions, nous sommes du Seigneur.

Romains 14:8

Lun 13	
Mar 14	
Mer 15	
Jeu 16	

	Ven
	17

	Sam
	18

	Dim
	19

Jésus donc leur parla encore, disant: Moi, je suis la lumière du monde; celui qui me suit ne marchera point dans les ténèbres, mais il aura la lumière de la vie.

Jean 8:12

Lun 20	
Mar 21	
Mer 22	
Jeu 23	

Ven

24

Sam

25

Dim

26

Toutes choses me sont permises, mais toutes choses ne
sont pas avantageuses; toutes choses me sont permises,
mais je ne me laisserai, moi, asservir par aucune.

1 Corinthiens 6:12

Lun	
27	
Mar	
28	
Mer	
29	
Jeu	
30	

Ven

31

Sam

1

Dim

2

Au jour du bien-être, jouis du bien-être, et, au jour de l'adversité, prends garde; car Dieu a placé l'un vis-à-vis de l'autre, afin que l'homme ne trouve rien de ce qui sera après lui.

Ecclésiaste 7:14

Lun 3	
Mar 4	
Mer 5	
Jeu 6	

Ven

7

Sam

8

Dim

9

car la pensée de la chair est la mort; mais la pensée de l'Esprit,
vie et paix;
Romains 8:6

Août
2020

Lun 10	
Mar 11	
Mer 12	
Jeu 13	

	Ven
	14

	Sam
	15

	Dim
	16

> L'amour use de longanimité; il est plein de bonté; l'amour n'est pas envieux; l'amour ne se vante pas; il ne s'enfle pas d'orgueil; il n'agit pas avec inconvenance; il ne cherche pas son propre intérêt; il ne s'irrite pas;
>
> *1 Corinthiens 13:4-5*

Août   2020

Lun 17	
Mar 18	
Mer 19	
Jeu 20	

Ven

21

Sam

22

Dim

23

Que toutes choses parmi vous se fassent dans l'amour.
1 Corinthiens 16:14

Lun 24	
Mar 25	
Mer 26	
Jeu 27	

	Ven
	28

	Sam
	29

	Dim
	30

Fais-moi entendre dès le matin ta bonté, car en toi j'ai mis ma confiance; fais-moi connaître le chemin où j'ai à marcher, car c'est à toi que j'élève mon âme.

Psaumes 143:8

Lun	
31	

Mar	
1	

Mer	
2	

Jeu	
3	

Ven

4

Sam

5

Dim

6

Et nous avons connu et cru l'amour que Dieu a pour nous. Dieu est amour, et celui qui demeure dans l'amour, demeure en Dieu et Dieu en lui.

1 Jean 4:16

Septembre 2020

Lun **7**	
Mar **8**	
Mer **9**	
Jeu **10**	

	Ven
	11

	Sam
	12

	Dim
	13

Or maintenant ces trois choses demeurent: la foi, l'espérance,
l'amour; mais la plus grande de ces choses, c'est l'amour.

1 Corinthiens 13:13

Lun	
14	

Mar	
15	

Mer	
16	

Jeu	
17	

Ven

18

Sam

19

Dim

20

Personne ne vit jamais Dieu; si nous nous aimons l'un l'autre,
Dieu demeure en nous, et son amour est consommé en nous.

1 Jean 4:12

Lun 21	
Mar 22	
Mer 23	
Jeu 24	

	Ven
	25

	Sam
	26

	Dim
	27

Celui qui n'aime pas n'a pas connu Dieu, car Dieu est amour.

1 Jean 4:8

Lun 28	
Mar 29	
Mer 30	
Jeu 1	

Ven

2

Sam

3

Dim

4

"

L'Éternel est ma lumière et mon salut: de qui aurai-je peur?
L'Éternel est la force de ma vie: de qui aurai-je frayeur?

Psaumes 27:1

Lun	
5	

Mar	
6	

Mer	
7	

Jeu	
8	

Ven

9

Sam

10

Dim

11

Mieux vaut mettre sa confiance en l'Éternel que de se confier en l'homme.

Psaumes 118:8

Lun 12	

Mar 13	

Mer 14	

Jeu 15	

Ven

16

Sam

17

Dim

18

Je vous laisse la paix; je vous donne ma paix; je ne vous donne pas, moi, comme le monde donne. Que votre coeur ne soit pas troublé, ni craintif.

Jean 14:27

Lun	
19	

Mar	
20	

Mer	
21	

Jeu	
22	

Ven

23

Sam

24

Dim

25

car la pensée de la chair est la mort; mais la pensée de l'Esprit, vie et paix;

Romains 8:6

Lun 26	
Mar 27	
Mer 28	
Jeu 29	

	Ven
	30
	Sam
	31
	Dim
	1

> Tenez-vous tranquilles, et sachez que je suis Dieu: je serai exalté parmi les nations, je serai exalté sur la terre.
>
> *Psaumes 46:10*

Novembre 2020

Lun **2**	
Mar **3**	
Mer **4**	
Jeu **5**	

	Ven
	6

	Sam
	7

	Dim
	8

C'est pourquoi exhortez-vous l'un l'autre et édifiez-vous l'un l'autre, chacun en particulier, comme aussi vous le faites.

1 Thessaloniciens 5:11

Lun

9

Mar

10

Mer

11

Jeu

12

| | Ven |
| | 13 |

| | Sam |
| | 14 |

| | Dim |
| | 15 |

Ne t'ai-je pas commandé: Fortifie-toi et sois ferme? Ne te laisse point terrifier, et ne sois point effrayé; car l'Éternel, ton Dieu, est avec toi partout où tu iras.

Josué 1:9

Novembre   2020

Lun 16	

| Mar 17 | |

| Mer 18 | |

| Jeu 19 | |

Ven

20

Sam

21

Dim

22

Venez à moi, vous tous qui vous fatiguez et qui êtes chargés, et moi, je vous donnerai du repos.

Matthieu 11:28

Lun	
23	

Mar	
24	

Mer	
25	

Jeu	
26	

Ven

27

Sam

28

Dim

29

Béni soit le Dieu et Père de notre Seigneur Jésus Christ, le père des miséricordes et le Dieu de toute consolation, qui nous console à l'égard de toute notre affliction, afin que nous soyons capables de consoler ceux qui sont dans quelque affliction que ce soit, par la consolation dont nous sommes nous-mêmes consolés de Dieu.

2 Corinthiens 1:3-4

Lun	
30	

Mar	
1	

Mer	
2	

Jeu	
3	

	Ven
	4

	Sam
	5

	Dim
	6

Même quand je marcherais par la vallée de l'ombre de la mort, je ne craindrai aucun mal; car tu es avec moi: ta houlette et ton bâton, ce sont eux qui me consolent.

Psaumes 23:4

Lun	
7	

Mar	
8	

Mer	
9	

Jeu	
10	

Ven

11

Sam

12

Dim

13

Dieu reposent mon salut et ma gloire; le rocher de ma force, mon refuge, est en Dieu.

Psaumes 62:7

Lun	
14	

Mar	
15	

Mer	
16	

Jeu	
17	

	Ven
	18

	Sam
	19

	Dim
	20

Dieu a tant aimé le monde, qu'il a donné son Fils unique, afin que quiconque croit en lui ne périsse pas, mais qu'il ait la vie éternelle.

Jean 3:16

Lun

21

Mar

22

Mer

23

Jeu

24

Ven

25

Sam

26

Dim

27

Confie-toi de tout ton coeur à l'Éternel, et ne t'appuie pas sur ton intelligence; dans toutes tes voies connais-le, et il dirigera tes sentiers.

Proverbes 3:5-6

Lun	
28	

Mar	
29	

Mer	
30	

Jeu	
31	

Ven

1

Sam

2

Dim

3

L'Éternel fasse lever la lumière de sa face sur toi et use de grâce envers toi!

Nombres 6:25

2019

JANVIER

L	M	M	J	V	S	D
31	1	2	3	4	5	6
7	8	9	10	11	12	13
14	15	16	17	18	19	20
21	22	23	24	25	26	27
28	29	30	31	1	2	3
4	5	6	7	8	9	10

FÉVRIER

L	M	M	J	V	S	D
28	29	30	31	1	2	3
4	5	6	7	8	9	10
11	12	13	14	15	16	17
18	19	20	21	22	23	24
25	26	27	28	1	2	3
4	5	6	7	8	9	10

MARS

L	M	M	J	V	S	D
25	26	27	28	1	2	3
4	5	6	7	8	9	10
11	12	13	14	15	16	17
18	19	20	21	22	23	24
25	26	27	28	29	30	31
1	2	3	4	5	6	7

AVRIL

L	M	M	J	V	S	D
1	2	3	4	5	6	7
8	9	10	11	12	13	14
15	16	17	18	19	20	21
22	23	24	25	26	27	28
29	30	1	2	3	4	5
6	7	8	9	10	11	12

MAI

L	M	M	J	V	S	D
29	30	1	2	3	4	5
6	7	8	9	10	11	12
13	14	15	16	17	18	19
20	21	22	23	24	25	26
27	28	29	30	31	1	2
3	4	5	6	7	8	9

JUIN

L	M	M	J	V	S	D
27	28	29	30	31	1	2
3	4	5	6	7	8	9
10	11	12	13	14	15	16
17	18	19	20	21	22	23
24	25	26	27	28	29	30
1	2	3	4	5	6	7

REMARQUES :

2019

JUILLET

L	M	M	J	V	S	D
1	2	3	4	5	6	7
8	9	10	11	12	13	14
15	16	17	18	19	20	21
22	23	24	25	26	27	28
29	30	31				

AOÛT

L	M	M	J	V	S	D
			1	2	3	4
5	6	7	8	9	10	11
12	13	14	15	16	17	18
19	20	21	22	23	24	25
26	27	28	29	30	31	

SEPTEMBRE

L	M	M	J	V	S	D
						1
2	3	4	5	6	7	8
9	10	11	12	13	14	15
16	17	18	19	20	21	22
23	24	25	26	27	28	29
30						

OCTOBRE

L	M	M	J	V	S	D
	1	2	3	4	5	6
7	8	9	10	11	12	13
14	15	16	17	18	19	20
21	22	23	24	25	26	27
28	29	30	31			

NOVEMBRE

L	M	M	J	V	S	D
				1	2	3
4	5	6	7	8	9	10
11	12	13	14	15	16	17
18	19	20	21	22	23	24
25	26	27	28	29	30	

DÉCEMBRE

L	M	M	J	V	S	D
						1
2	3	4	5	6	7	8
9	10	11	12	13	14	15
16	17	18	19	20	21	22
23	24	25	26	27	28	29
30	31					

REMARQUES :

2020

JANVIER

L	M	M	J	V	S	D
30	31	1	2	3	4	5
6	7	8	9	10	11	12
13	14	15	16	17	18	19
20	21	22	23	24	25	26
27	28	29	30	31	1	2
3	4	5	6	7	8	9

FÉVRIER

L	M	M	J	V	S	D
27	28	29	30	31	1	2
3	4	5	6	7	8	9
10	11	12	13	14	15	16
17	18	19	20	21	22	23
24	25	26	27	28	29	1
2	3	4	5	6	7	8

MARS

L	M	M	J	V	S	D
24	25	26	27	28	29	1
2	3	4	5	6	7	8
9	10	11	12	13	14	15
16	17	18	19	20	21	22
23	24	25	26	27	28	29
30	31	1	2	3	4	5

AVRIL

L	M	M	J	V	S	D
30	31	1	2	3	4	5
6	7	8	9	10	11	12
13	14	15	16	17	18	19
20	21	22	23	24	25	26
27	28	29	30	1	2	3
4	5	6	7	8	9	10

MAI

L	M	M	J	V	S	D
27	28	29	30	1	2	3
4	5	6	7	8	9	10
11	12	13	14	15	16	17
18	19	20	21	22	23	24
25	26	27	28	29	30	31
1	2	3	4	5	6	7

JUIN

L	M	M	J	V	S	D
1	2	3	4	5	6	7
8	9	10	11	12	13	14
15	16	17	18	19	20	21
22	23	24	25	26	27	28
29	30	1	2	3	4	5
6	7	8	9	10	11	12

REMARQUES :

2020

JUILLET

L	M	M	J	V	S	D
29	30	1	2	3	4	5
6	7	8	9	10	11	12
13	14	15	16	17	18	19
20	21	22	23	24	25	26
27	28	29	30	31	1	2
3	4	5	6	7	8	9

AOÛT

L	M	M	J	V	S	D
27	28	29	30	31	1	2
3	4	5	6	7	8	9
10	11	12	13	14	15	16
17	18	19	20	21	22	23
24	25	26	27	28	29	30
31	1	2	3	4	5	6

SEPTEMBRE

L	M	M	J	V	S	D
31	1	2	3	4	5	6
7	8	9	10	11	12	13
14	15	16	17	18	19	20
21	22	23	24	25	26	27
28	29	30	1	2	3	4
5	6	7	8	9	10

OCTOBRE

L	M	M	J	V	S	D
28	29	30	1	2	3	4
5	6	7	8	9	10	11
12	13	14	15	16	17	18
19	20	21	22	23	24	25
26	27	28	29	30	31	1
2	3	4	5	6	7	8

NOVEMBRE

L	M	M	J	V	S	D
26	27	28	29	30	31	1
2	3	4	5	6	7	8
9	10	11	12	13	14	15
16	17	18	19	20	21	22
23	24	25	26	27	28	29
30	1	2	3	4	5	6

DÉCEMBRE

L	M	M	J	V	S	D
30	1	2	3	4	5	6
7	8	9	10	11	12	13
14	15	16	17	18	19	20
21	22	23	24	25	26	27
28	29	30	31	1	2	3
4	5	6	7	8	9	10

REMARQUES :

2021

JANVIER

L	M	M	J	V	S	D
28	29	30	31	1	2	3
4	5	6	7	8	9	10
11	12	13	14	15	16	17
18	19	20	21	22	23	24
25	26	27	28	29	30	31
1	2	3	4	5	6	7

FÉVRIER

L	M	M	J	V	S	D
1	2	3	4	5	6	7
8	9	10	11	12	13	14
15	16	17	18	19	20	21
22	23	24	25	26	27	28
1	2	3	4	5	6	7
8	9	10	11	12	13	14

MARS

L	M	M	J	V	S	D
1	2	3	4	5	6	7
8	9	10	11	12	13	14
15	16	17	18	19	20	21
22	23	24	25	26	27	28
29	30	31	1	2	3	4
5	6	7	8	9	10	11

AVRIL

L	M	M	J	V	S	D
29	30	31	1	2	3	4
5	6	7	8	9	10	11
12	13	14	15	16	17	18
19	20	21	22	23	24	25
26	27	28	29	30	1	2
3	4	5	6	7	8	9

MAI

L	M	M	J	V	S	D
26	27	28	29	30	1	2
3	4	5	6	7	8	9
10	11	12	13	14	15	16
17	18	19	20	21	22	23
24	25	26	27	28	29	30
31	1	2	3	4	5	6

JUIN

L	M	M	J	V	S	D
31	1	2	3	4	5	6
7	8	9	10	11	12	13
14	15	16	17	18	19	20
21	22	23	24	25	26	27
28	29	30	1	2	3	4
5	6	7	8	9	10	11

REMARQUES :

2021

JUILLET

L	M	M	J	V	S	D
28	29	30	1	2	3	4
5	6	7	8	9	10	11
12	13	14	15	16	17	18
19	20	21	22	23	24	25
26	27	28	29	30	31	1
2	3	4	5	6	7	8

AOÛT

L	M	M	J	V	S	D
26	27	28	29	30	31	1
2	3	4	5	6	7	8
9	10	11	12	13	14	15
16	17	18	19	20	21	22
23	24	25	26	27	28	29
30	31	1	2	3	4	5

SEPTEMBRE

L	M	M	J	V	S	D
30	31	1	2	3	4	5
6	7	8	9	10	11	12
13	14	15	16	17	18	19
20	21	22	23	24	25	26
27	28	29	30	1	2	3
4	5	6	7	8	9	10

OCTOBRE

L	M	M	J	V	S	D
27	28	29	30	1	2	3
4	5	6	7	8	9	10
11	12	13	14	15	16	17
18	19	20	21	22	23	24
25	26	27	28	29	30	31
1	2	3	4	5	6	7

NOVEMBRE

L	M	M	J	V	S	D
1	2	3	4	5	6	7
8	9	10	11	12	13	14
15	16	17	18	19	20	21
22	23	24	25	26	27	28
29	30	1	2	3	4	5
6	7	8	9	10	11	12

DÉCEMBRE

L	M	M	J	V	S	D
29	30	1	2	3	4	5
6	7	8	9	10	11	12
13	14	15	16	17	18	19
20	21	22	23	24	25	26
27	28	29	30	31	1	2
3	4	5	6	7	8	9

REMARQUES :